Pequeños expertos en ecología

Little ECO Experts

Formas de reciclaje/ Ways to Recycle

Traducido por/ Translated by Diana Osorio

Como ser guardianes del planeta

How to be guardians of the planet

PowerKiDS press

Published in 2023 by PowerKids, an Imprint of Rosen Publishing
29 East 21st Street, New York, NY 10010

Copyright © 2020 Editorial Sol90, S.L. Barcelona
All rights reserved.

No part of this book may be reproduced in any form without permission in writing from the publisher, except by a reviewer.

Cataloging-in-Publication Data
Names: Editorial Sol 90 (Firm).
Title: Formas de reciclaje / Ways to Recycle / by the editors at Sol90.
Description: New York : Powerkids Press, 2023. | Series: Pequeños expertos en ecología / Little Eco Experts
Identifiers: ISBN 9781725337626 (library bound) | ISBN 9781725337633 (ebook)
Subjects: LCSH: Recycling (Waste, etc.)--Juvenile literature. | Renewable natural resources--Juvenile literature. | Environmental responsibility--Juvenile literature.
Classification: LCC TD794.5 W397 2023 | DDC 333.7--dc23

Coordinación: Nuria Cicero
Edición: Alberto Hernández
Edición, español: Diana Osorio
Maquetación: Àngels Rambla
Adaptación de diseño: Raúl Rodriguez, R studio T, NYC
Equipo de obra: Vicente Ponce, Rosa Salvia, Paola Fornasaro
Asesoría científica: Teresa Martínez Barchino

Infografías e imágenes:
www.infographics90.com
Agencias: Getty/Thinkstock, AGE Fotostock, Cordon Press/Corbis, Shutterstock.

Manufactured in the United States of America

CPSIA Compliance Information: Batch #CSPK23. For Further Information contact Rosen Publishing, New York, New York at 1-800-237-9932.

CONTENIDO

¿Qué es el reciclaje? 4
Por qué es bueno reciclar 6
¿Sabías que? 8
Datos curiosos 10
¿Sabías que? 12
Cómo reciclar el papel. 14
Por qué se necesita reciclar
    el papel. 16
Cómo reciclar el plástico. . . . 18
Por qué se necesita reciclar
    el plástico 20
Cómo reciclar el vidrio 22
Por qué se necesita reciclar
    el vidrio 24
Por qué se necesita reciclar
    el metal 26
Materiales especiales 28
¿Qué puedes hacer tu? 30
¿Sabías cómo se fabrica
    el papel?. 34
Reciclar papel en casa. 36

CONTENTS

What Is Recycling? 4
Why Recycling Is Good 6
Did You Know? 8
Curious Facts 10
Did You Know? 12
How to Recycle Paper 14
Why Paper Needs to Be
    Recycled. 16
How Can We Recycle Plastic? 18
Why Plastic Needs to Be
    Recycled. 20
How to Recycle Glass. 22
Why Glass Needs to Be
    Recycled 24
Why Metal Needs to Be
    Recycled 26
Special Materials 28
What Can You Do?. 31
Do You Know How Paper
    Is Made? 34
Recycle Paper at Home 36

QUÉ ES EL RECICLAJE

Reciclar es separar residuos o basura: papel, cartón, metal, plástico, vidrio y materia orgánica, para ser reutilizados, transformándolos en productos nuevos.

Si reciclamos y aprovechamos el valor material de la basura, mejoramos el medio ambiente, porque ahorramos materias primas y energía.

Mira: este es el símbolo del reciclaje

Look! This is the symbol of recycling.

WHAT IS RECYCLING?

Recycling is separating waste or garbage into paper, cardboard, metal, plastic, glass, and organic matter to be reused and transforming them into new products.

La cantidad de basura que se genera es uno de los más grandes problemas del medio ambiente. Por eso, hay que reducir esa cantidad y reciclarla.

de la basura doméstica se puede reciclar **90%** **of Household Waste Can Be Recycled**

POR QUÉ ES BUENO RECICLAR

Disminuye la contaminación

Además de reducir el volumen de basura, se evita su acumulación en los vertederos, en los que se generan sustancias que contaminan el aire.

Reduces Pollution

Ahorra recursos naturales

Los árboles tardan muchos años en crecer. Por eso, si se recicla el papel, podemos evitar que se talen más árboles y, por tanto, la deforestación.

WHY RECYCLING IS GOOD

Ahorra energía

Se gasta muchísima más energía en la extracción y fabricación de materiales nuevos que en su proceso de reciclaje.

It Saves Energy

It Saves Natural Resources

¿SABÍAS QUE?

Gracias al reciclaje evitamos la destrucción del medio ambiente. Alargamos la vida de los materiales y podemos vivir en un mundo más limpio.

El vidrio está hecho con materiales que requieren mucha energía para su fabricación. En cambio, para fundir vidrio desechado se necesita menos energía.

It takes a lot of energy to manufacture glass.

El aluminio es reutilizable al 100%. Producir este material a través del que se recicla consume hasta un 95% menos de energía que si se hace a partir del tratamiento de la bauxita, el material del que proviene.

Aluminum is a very common metallic element. Cans and food packaging are made from it. It is 100% reusable.

Thanks to recycling, we prevent the destruction of the environemnt. We make materials last longer, and by doing so we can live in a cleaner world.

DID YOU KNOW?

El plástico proviene del petróleo. Al reciclarlo se evita extraer esta materia prima en exceso, pues puede contaminar.

Plastics come from petroleum. Recycling plastics avoids extracting more petroleum, which can be a polluting substance.

Cuando reciclamos el papel, estamos reduciendo la tala de árboles y un gran gasto de agua y energía.

Paper is made from the pulp of wood, which comes from trees.

DATOS CURIOSOS

Con materiales reciclados se pueden hacer muchos productos, incluso diferentes al material de origen. Algunos casos son sorprendentes. Fíjate qué se puede hacer con...

Latas de metal

Bicicleta

670

Metal Cans

Bicycle

See what can be done wih some recycled materials ...

CURIOUS FACTS

Botellas de plástico = **Chaqueta impermeable**

27

Plastic Bottles = **Waterproof Jacket**

¿SABÍAS QUE?

Puede ser un problema que gastemos demasiada cantidad de papel. Sobre todo, si luego no lo reciclamos.

Árbol / **Tree**

1

=

Papel / **Paper**

74 kg

=

Hojas de papel / **Sheets of Paper**

12.500

El papel se fabrica con la pulpa de madera de los árboles.

Paper is manufactured from wood pulp from trees.

Look at these interesting facts about paper and its use:

DID YOU KNOW?

Cada persona gasta casi 295 kg de papel al año.

Each person wastes almost 295 kg of paper per year.

Persona

1

Person

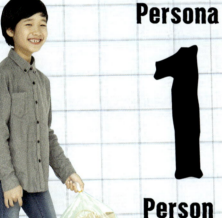

295 kg

Pero la mayoría de este papel se puede reciclar. Así evitamos que se talen más árboles.

But most of this paper can be recycled. This prevents more trees from being cut down.

CÓMO RECICLAR EL PAPEL

Periódicos, hojas, sobres, papel impreso, cajas, cartón...

Newspapers, sheets, envelopes, printed paper, boxes, cardboard ...

Se enrrolla en bobinas.

It is rolled in coils.

Se prensa la pasta para hacer el papel.

The pulp is pressed to make the paper.

Recogida en el contenedor destinado al papel. En cada país o ciudad tiene un color asignado. Generalmente es azul.

Collection in the container intended for paper. Each country or city has an assigned color. It is usually blue.

Primero se clasifica y se trocea.

First it is sorted and chopped.

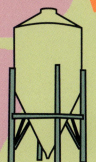

Se fabrica la pasta de papel.

Paper pulp is manufactured.

HOW TO RECYCLE PAPER

POR QUÉ SE NECESITA RECICLAR EL PAPEL

Evita que se talen árboles.

Prevents Cutting Trees

Reduce la cantidad de residuos generados.

Reduces Waste

A más papel reciclado, más:

papel higiénico,

bolsas,

sobres,

arena para gatos

¡y mucho más!

WHY PAPER NEEDS TO BE RECYCLED

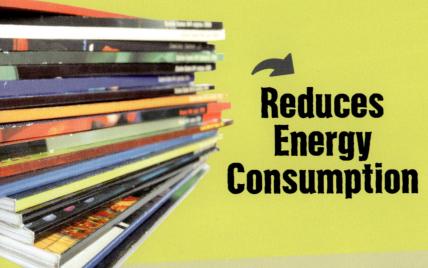

Reduces Energy Consumption

Al reciclar papel se reduce el consumo energético en comparación con la fabricación directa desde madera de los árboles.

With More Recycled Paper, More:

toilet paper,
bags,
envelopes,
cat litter
and much more!

CÓMO RECICLAR EL PLÁSTICO

Botellas, bolsas, garrafas, tarrinas de yogur, envases…

Bottles, bags, tubs of yogurt, containers …

Se fabrican nuevos envases plásticos.

New plastic containers are manufactured.

El plástico queda granulado.

Plastic becomes granulated.

Recogida de envases de plástico.

Collection of plastic containers.

Los envases se separan por tipos de plástico.

Containers are separated by types of plastic.

Se lavan y se trituran por separado.

They are washed and crushed separately.

HOW CAN WE RECYCLE PLASTIC?

19

POR QUÉ SE NECESITA RECICLAR EL PLÁSTICO

Para contaminar menos y evitar la acumulación de basura.

It Prevents Garbage Accumulation

Qué se puede fabricar con plástico reciclado:

juguetes,
sillas,
cubiertos,
platos,
vasos,
bolsas,
botellas
¡y mucho más!

WHY PLASTIC NEEDS TO BE RECYCLED

It Saves Natural Resources
Porque se ahorra energía y recursos naturales.

It Saves Energy
Porque reciclar plástico requiere menos energía que fabricar plástico a partir de materias primas.

What can be produced with recycled plastic:
toys, chairs, cutlery, plates, glasses, bags, bottles and much more!

Separa los plásticos por tipos.

Separate the plastics by types.

El tapón está hecho de un tipo de plástico. La botella es de otro tipo diferente.

The cap is made of one type of plastic. The bottle is of a different type.

CÓMO RECICLAR EL VIDRIO

Botellas, vasos, tarros, envases…
    Bottles, glasses, jars, containers…

Se fabrican nuevos envases.
    New containers are manufactured.

Recogida de envases de vidrio en el contenedor del color asignado en tu ciudad. Usualmente es verde.

Collection in plastic containers, which are usually green.

Se funde en la fábrica de vidrio.

It melts in the glass factory.

HOW TO RECYCLE GLASS

POR QUÉ SE NECESITA RECICLAR EL VIDRIO

Porque es uno de los materiales más fáciles de reciclar, porque se puede fundir a temperaturas muy altas y, una vez fundido, se vuelve a utilizar.

It is very easy to recycle

Dato curioso

Con 4 botellas recicladas se ahorra la electricidad necesaria para mantener encendido un frigorífico todo el día.

4 Recycled bottles =

1 Refrigerator on all day

WHY GLASS NEEDS TO BE RECYCLED

It is 100% recyclable!

¡Porque es 100% reciclable!

Porque se ahorra el consumo de muchos de los materiales que lo componen y una importante cantidad de energía. ¿Por qué? Porque para fundir vidrio desechado se requiere menos temperatura que para fabricarlo con materias primas.

It reduces energy and materials

POR QUÉ SE NECESITA RECICLAR EL METAL

El metal es un recurso natural que se extrae de las minas. El acero y el aluminio son distintos tipos de metales. Si los reciclamos, reducimos la extracción de materias primas.

Reduce the extraction of raw materials

Proceso de reciclaje

Los objetos metálicos se despedazan y se funden para volver a utilizar el metal. Para separar el metal de otros materiales que componen un producto se utiliza un imán de gran tamaño que atrae metales.

A big magnet attracts metals to separate them from other materials.

WHY METAL NEEDS TO BE RECYCLED

El acero es completamente reciclable y podría ser reciclado un número ilimitado de veces, sin perder calidad.

It can be recycled over and over without losing quality

En su interior, los tetrabriks contienen una capa de aluminio que se separa del resto de materiales.

MATERIALES ESPECIALES

Para el resto de residuos existen puntos limpios que recogen muebles usados, electrodomésticos, hierros, maderas, restos de jardinería... Y contenedores especiales para pilas, móviles, aceite usado de cocina, bombillas...

Neumáticos

Son de caucho, se trituran y sirven para hacer tuberías del agua, por ejemplo.

Aparatos eléctricos

Si aún funcionan, se pueden dar a alguna asociación que los haga llegar a quien los necesite. Si están rotos, se reciclan para hacer otros aparatos.

Tires

Electric Devices

SPECIAL MATERIALS

For other waste, there are places that collect used furniture, appliances, irons, wood, gardening materials... and special containers for batteries, cell phones, used cooking oil, light bulbs ...

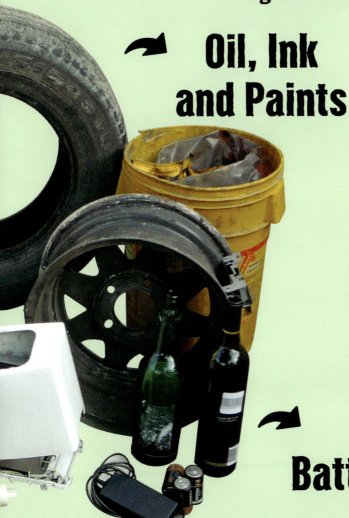

Oil, Ink and Paints

Aceite, tinta y pinturas

Son muy difíciles de reciclar. Lo mejor es utilizar una impresora con cartuchos de tinta recargables.

Pilas y baterías

No se pueden tirar a la basura porque contienen sustancias muy tóxicas. Lo mejor es usar pilas recargables.

Batteries

¿QUÉ PUEDES HACER TÚ?

Antes de comprar algo nuevo o de tirar algo viejo piensa si es necesario. Para reducir la cantidad de basura que producimos es importante seguir la regla de las 4 ERRES que te prepresentamos en la siguiente página:

WHAT CAN YOU DO?

To reduce the amount of garbage we produce, it is important to follow the 4 Rs rule. Turn the page, and find out!

Reciclar

Si separamos los residuos que nosotros mismos generamos, facilitamos que sean procesados para darle un nuevo uso a algo que ya se ha utilizado.

Recycle

Recuperar

Consiste en recuperar materiales o elementos que sirvan de materia prima. Por ejemplo, de las latas se pueden recuperar diferentes metales. Por eso es importante reciclarlas.

Recover

Reuse

Reutilizar

Muchas cosas que van a parar a la basura podrían volver a usarse. También podemos dar las cosas que ya no usamos, como ropa o incluso juguetes, a personas que lo necesiten.

Reduce

Reducir

No hay que adquirir cosas que se convertirán en basura. Si vamos a comprar que sea con la cesta. También podemos ahorrar papel leyendo un documento en la pantalla del ordenador, sin imprimirlo.

¿SABES CÓMO SE FABRICA EL PAPEL?

Después de cortar los árboles, los troncos se llevan a la fábrica, donde unas máquinas se encargan de convertir la madera en pasta de papel.

Machines turn wood from trees into pulp.

Se quita la corteza de los troncos, que se lavan y trituran. Se mezclan con agua y se hace una pasta.

The bark of the wood is mixed with water to make a paste.

La pasta de papel pasa por una máquina donde se prensa hasta formar extensos lienzos de papel. Estos se secan con vapor y se enrollan en grandes bobinas.

The paste is steam-dried and rolled into large coils.

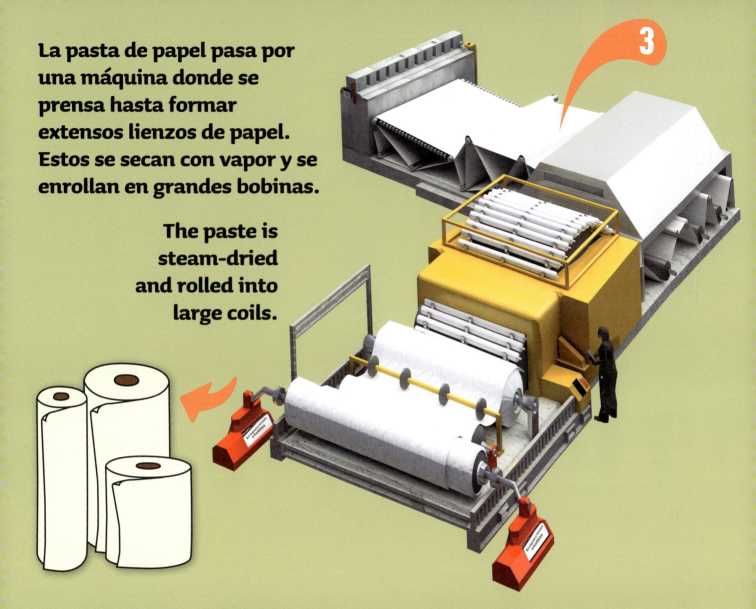

DO YOU KNOW HOW PAPER IS MADE?

RECICLAR PAPEL EN CASA

Hacer papel no tiene ningún secreto y además te permite reciclar. ¡Es muy fácil!

NECESITARÁS:
- periódicos
- papel que quieras tirar
- agua
- batidora
- recipiente rectangular grande
- 2 láminas de malla de nylon o de alambre de 22 cm por 30 cm
- espátula
- rodillo de amasar

OPCIONAL: colorante • menta seca o canela • maizena

PASO A PASO: las explicaciones en la página siguiente

RECYCLE PAPER AT HOME

There is no secret about making paper and it allows you to recycle. Let's go!

YOU WILL NEED:
- Newspapers
- Paper you want throw out
- Water
- Blender
- Large rectangular container
- Two 22 cm by 30 cm sheets of nylon or wire mesh
- Spatula
- Rolling pin

OPTIONAL: coloring • dried peppermint or cinnamon • cornstarch

STEP BY STEP: Find the instructions on the next page.

PASO UNO
STEP ONE

Coloca en la batidora el papel, cortado a pedacitos, y una taza de agua. Tritura todo bien y ya tienes lista ¡la pasta de papel!

PASO DOS
STEP TWO

Puedes darle color y olor añadiendo colorante y especias. Para que brille, añade maizena.

PASO TRES
STEP THREE

Pon varias hojas de periódico en el fondo del recipiente.

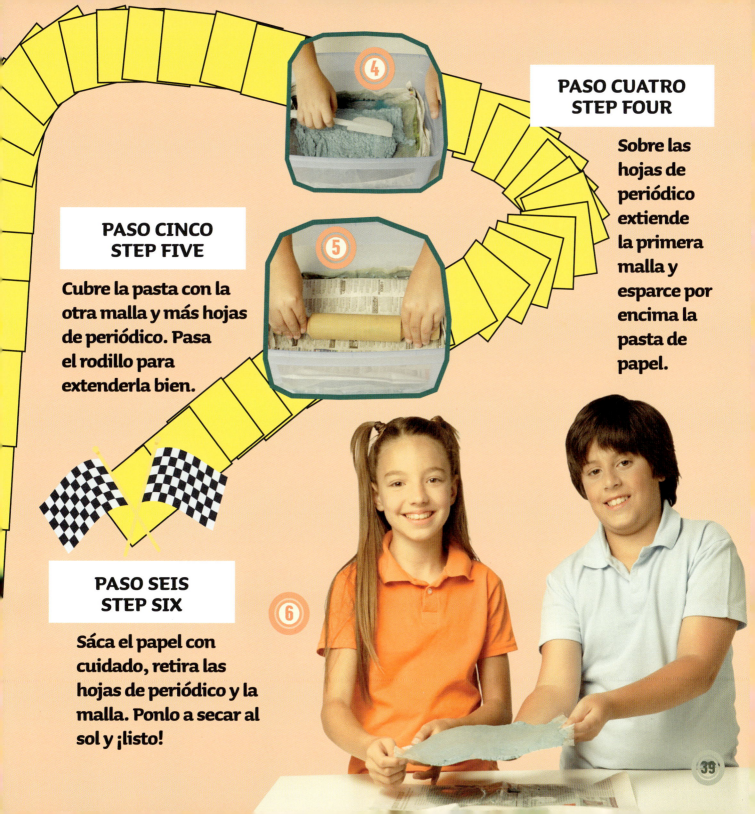

PASO CUATRO
STEP FOUR

Sobre las hojas de periódico extiende la primera malla y esparce por encima la pasta de papel.

PASO CINCO
STEP FIVE

Cubre la pasta con la otra malla y más hojas de periódico. Pasa el rodillo para extenderla bien.

PASO SEIS
STEP SIX

Sáca el papel con cuidado, retira las hojas de periódico y la malla. Ponlo a secar al sol y ¡listo!